L'A B C
DE LA GRAMMAIRE

OU

INTRODUCTION A L'ÉTUDE

DE LA

GRAMMAIRE FRANÇAISE

PAR

Mlle A. LAURENT

Institutrice.

> Veux-tu toute ta vie offenser la grammaire?
> — Qui parle d'offenser grand-père ni grand'mère!
>
> MOLIÈRE.

PARIS

LIBRAIRIE ÉLÉMENTAIRE DE E. DUCROCQ

55, RUE DE SEINE, 55

1864

L'A B C

DE

LA GRAMMAIRE

ON TROUVE A LA MÊME LIBRAIRIE :

La nouvelle Méthode pratique pour l'étude de l'Histoire de France, consistant en une suite de thèmes à développer par les élèves, par Mlle Eugénie LAURENT.

SAINT-DENIS. — TYPOGRAPHIE DE A. MOULIN.

L'A B C
DE LA GRAMMAIRE

OU

INTRODUCTION A L'ÉTUDE

DE LA

GRAMMAIRE FRANÇAISE

PAR

Mlle A. LAURENT

Institutrice.

Veux-tu toute ta vie offenser la grammaire?
— Qui parle d'offenser grand-père ni grand'mère!
MOLIÈRE.

PARIS

LIBRAIRIE ÉLÉMENTAIRE DE E. DUCROCQ

55, RUE DE SEINE, 55

1864

AVERTISSEMENT.

Ces quelques leçons ont pour but de préparer les très-jeunes enfants à l'étude de la Grammaire : elles ne sauraient donc viser à la science et ne sont qu'une introduction et non une œuvre complète.

J'ai tâché de n'y faire entrer aucune phrase, aucun mot, dont l'explication ne pût être donnée aux élèves les moins avancés; néanmoins, je me suis appliquée à conserver les définitions de nos meilleurs grammairiens, leurs ouvrages devant succéder à cet opuscule.

On ne devra pas s'étonner d'y trouver de nombreuses omissions, elles ont été faites à dessein et il sera toujours facile aux professeurs d'y suppléer quand ils le jugeront utile.

A. Laurent.

L'A B C
DE
LA GRAMMAIRE
OU
INTRODUCTION A L'ÉTUDE
DE LA GRAMMAIRE FRANÇAISE

PREMIÈRE LEÇON.

Une grammaire est un livre dans lequel on apprend à parler et à écrire sans faire de fautes.

Pour parler et pour écrire, on emploie des mots.

Un mot est une ou plusieurs syllabes réunies exprimant une idée : *Amélie*, *joli*, *parler*, sont des mots.

Le mot *idée* signifie image, représentation dans l'esprit, si je prononce le mot *chat*, et que je dise aux enfants qui m'écoutent de dessiner l'animal que désigne ce mot, ils feront tous le portrait d'un chat, bien qu'ils n'en aient pas sous les yeux.

Une syllabe est une ou plusieurs lettres pouvant former un son.

Le mot son signifie qui sonne, qui s'entend.

Il y a dans un mot autant de syllabes qu'il y a de sons. Dans le mot : *papa*, il y a deux syllabes parce qu'il y a deux sons; dans le mot : *vérité*, il y en a trois.

DEUXIÈME LEÇON.

Les lettres sont des signes servant à composer les syllabes. Il y a vingt-cinq lettres : *a*, *b*, *c*, *d*, *e*, *f*, *g*, *h*, *i*, *j*, *k*, *l*, *m*, *n*, *o*, *p*, *q*, *r*, *s*, *t*, *u*, *v*, *x*, *y*, *z*.

Ces vingt-cinq lettres composent notre alphabet.

Parmi les vingt-cinq lettres il y en a six qui forment un son sans le secours d'aucune autre lettre : on les appelle voyelles. Ce sont *a*, *e*, *i*, *o*, *u*, et *y*.

Cette dernière lettre s'emploie tantôt pour un *i*, tantôt pour deux *i* : elle est employée pour un *i*, dans le mot *style;* elle est employée pour deux *i*, dans le mot *pays*.

Il y a trois sortes d'*e* : l'*e* muet, l'*é* fermé et l'*è* ouvert.

Le son de l'*e* muet est peu sensible, il est même quelquefois nul : il est peu sensible dans *plume* ; il est nul dans je *paie*, je *paierai*.

L'*é* fermé se prononce la bouche presque fermée, comme dans *bonté*, *santé*.

L*è* ouvert se prononce la bouche ouverte : *procès*, *succès*.

TROISIÈME LEÇON.

Les consonnes sont des lettres qui ne peuvent former un son qu'avec le secours des voyelles. On en compte dix-neuf : *b*, *c*, *d*, *f*, *g*, *h*, *j*, *k*, *l*, *m*, *n*, *p*, *q*, *r*, *s*, *t*, *v*, *x*, *z*.

La consonne *h* est tantôt *muette*, tantôt *aspirée* : elle est *muette* dans les mots dont elle pourrait être retranchée sans en changer la prononciation ; elle est *aspirée* quand elle empêche la liaison entre la première voyelle du mot dont elle fait partie et la consonne finale précédente.

On appelle *langue* la manière dont une nation exprime ses pensées par la parole ou par l'écriture : la *langue française*, la *langue russe*.

Le mot *langage* s'applique à tout moyen employé par les hommes pour se communiquer leurs pensées : le *langage* des signes.

Le mot *langage* s'applique aussi au cri, au chant dont les animaux se servent pour se faire entendre : le *langage des oiseaux*.

QUATRIÈME LEÇON.

Dans les leçons précédentes, on a vu ce que c'est qu'une *lettre*, une *syllabe*, un *mot;* il faut étudier, aujourd'hui, ce que c'est qu'une *phrase*. Je dirai, d'abord, qu'on ne peut parler sans faire une ou plusieurs phrases, car une *phrase* est la réunion de plusieurs mots formant un sens complet. Quand je dis : *j'aime les enfants*, ces mots forment un sens complet et, par conséquent, représentent une *phrase*.

Plusieurs phrases se rapportant au même sujet, composent un *discours*.

CINQUIÈME LEÇON.

La grammaire nous enseigne qu'il y a dix parties du discours, c'est-à-dire dix espèces de mots servant à composer le discours.

Discourir ou faire le discours, c'est parler, c'est-à-dire transmettre ses pensées par la parole ou par l'écriture.

Pour transmettre ses pensées à des personnes présentes on emploie la *parole*, pour les transmettre à des personnes absentes on emploie l'*écriture*.

Les dix parties du discours sont : le *nom* ou *substantif*, l'*article*, l'*adjectif*, le *pronom*, le *verbe*, le *participe*, l'*adverbe*, la *préposition*, la *conjonction* et l'*interjection*.

Ces dix espèces de mots se divisent en *mots variables* et en *mots invariables*.

Les mots variables sont : le *nom*, l'*article*, l'*adjec-*

tif, le *pronom*, le *verbe* et le *participe*. Quant aux quatre autres nous nous bornerons à les désigner désormais sous la dénomination de *mots invariables*.

Les *mots variables* sont ceux dont la terminaison varie; les *mots invariables* sont ceux dont la terminaison ne change jamais.

SIXIÈME LEÇON.

DU NOM.

Le *nom* ou *substantif* est un mot qui sert à désigner un être ou un objet quelconque, soit qu'il existe dans la nature, comme *étoile*, *tableau*, *maison;* soit qu'il n'existe que dans notre esprit, comme *docilité*, *étude*, *bonheur*.

Il y a deux sortes de noms : le nom commun et le nom propre.

Le nom commun convient à tous les individus ou à tous les objets de la même espèce, comme *table*, *enfant*, *ville*.

Le nom propre ne convient qu'à une seule personne ou à une seule chose : *Olga, Jean, Paris.*

Les noms de personnes, de pays, de villes, de fleuves, de montagnes, sont des noms propres.

SEPTIÈME LEÇON.

Nous allons faire entrer dans cette leçon deux mots nouveaux, ce sont les noms des genres. Il y a deux genres : le *masculin* et le *féminin.*

Les noms qui désignent des êtres mâles, sont du genre masculin ; ceux qui désignent des êtres femelles, sont du genre féminin.

Quant aux noms qui représentent des êtres inanimés, comme *chaise, livre,* ils sont du genre qui leur a été assigné par l'usage.

On reconnaît qu'un nom est du genre masculin, quand il est précédé de *le* ou d'*un.*

On reconnaît qu'un nom est du genre féminin, quand il est précédé de *la* ou d'*une.*

Le mot *usage* signifie coutume, habitude.

Le mot *précéder* veut dire, être avant.

HUITIÈME LEÇON.

De même que la grammaire nous enseigne qu'il y a deux genres, elle nous apprend qu'il y a deux nombres, le *singulier* et le *pluriel.*

Le mot *singulier* désigne l'unité, il veut dire un seul.

Le mot *pluriel* désigne la pluralité, il veut dire plusieurs.

Le pluriel se forme le plus souvent dans les substantifs par l'addition d'un *s* (1).

NEUVIÈME LEÇON.

DE L'ARTICLE.

Les *articles* sont des mots qui se placent ordinairement avant les noms communs et en marquent le genre et le nombre.

---

(1) Les exceptions se trouvant dans toutes les grammaires, je n'ai pas cru devoir en parler dans un ouvrage aussi élémentaire que celui-ci.

Les articles sont : *le, la, les, un, une, du, des, au, aux*.

Les articles *le, un, du, au,* indiquent le masculin singulier ; les articles *la, une,* le féminin singulier ; les articles *les, des* et *aux*, le pluriel des deux genres.

Quand les articles *le* et *la* sont placés devant un mot commençant par une voyelle ou une *h* muette, on remplace l'*e* de *le* et l'*a* de *la*, par une apostrophe. Cela s'appelle élider une lettre, ou faire une élision.

DIXIÈME LEÇON.

DE L'ADJECTIF.

L'*adjectif* est un mot que l'on ajoute au nom, soit pour en indiquer la qualité, soit pour le déterminer. De là deux sortes d'adjectifs : l'*adjectif qualificatif* et l'*adjectif déterminatif*.

Les *adjectifs qualificatifs* sont ceux qui servent à exprimer les qualités bonnes ou mauvaises, comme *joli, bon, méchant*.

Les adjectifs n'ont par eux-mêmes ni genre, ni nombre, et prennent le genre et le nombre du nom qu'ils qualifient, ou qu'ils déterminent.

Tout adjectif qui n'est pas terminé au masculin par un *e muet*, en prend un pour former le féminin : *petit*, *petite ; grand*, *grande*.

Les adjectifs des deux genres forment leur pluriel par l'addition d'un *s :* brun, bruns, bonne, bonnes.

Ces deux règles ont de nombreuses exceptions.

ONZIÈME LEÇON.

Adjectifs déterminatifs.

Les *adjectifs déterminatifs* servent à déterminer, à désigner particulièrement un substantif à l'aide d'une idée qu'ils y ajoutent, comme *mon*, *ces*, *deux*, *aucun*, etc.

Il y a quatre espèces d'*adjectifs déterminatifs :* les *adjectifs numéraux*, les *adjectifs démonstratifs*, les *adjectifs possessifs* et les *adjectifs indéfinis*.

Adjectifs numéraux.

Les *adjectifs numéraux* se joignent au nom pour y ajouter une idée de nombre ou d'ordre, comme *quatre*, *six*, *premier*, *vingtième*, etc.

Il y a deux sortes d'*adjectifs numéraux* : les *cardinaux* et les *ordinaux*.

Les *adjectifs numéraux cardinaux* expriment le nombre et servent à compter, comme *huit*, *dix*, *vingt*, *cent*, *mille*, etc.

Les *adjectifs numéraux ordinaux* marquent l'ordre, le rang : *premier*, *huitième*, *centième*, etc.

DOUZIÈME LEÇON.

Adjectifs démonstratifs.

Les *adjectifs démonstratifs* désignent le nom comme si on le montrait.

On en compte quatre : *ce*, *cet* pour le masculin singulier; *cette* pour le féminin singulier; *ces* pour le pluriel des deux genres.

Ce s'emploie devant les noms commençant par

une consonne ou une *h* aspirée : *ce cheval*, *ce héros;* et *cet*, devant les noms commençant par une voyelle ou une *h* muette : *cet ami*, *cet homme*.

TREIZIÈME LEÇON.

Adjectifs possessifs.

Les *adjectifs possessifs* se joignent au nom pour y ajouter une idée de possession. Ce sont :

Pour le masculin singulier : *mon*, *ton*, *son;*

Pour le féminin singulier : *ma*, *ta*, *sa;*

Pour le singulier des deux genres : *notre*, *votre*, *leur;*

Pour le pluriel des deux genres : *nos*, *vos*, *leurs*.

On emploie *mon*, *ton*, *son*, au lieu de *ma*, *ta*, *sa*, devant un nom féminin commençant par une voyelle ou une *h* muette : *mon amie*, *ton histoire*.

QUATORZIÈME LEÇON.

Adjectifs indéfinis.

Les *adjectifs indéfinis* se joignent au nom pour y ajouter une idée de généralité ou une idée vague.

Tout homme a ses défauts, quelques enfants jouent. Dans la première phrase, l'adjectif indéfini *tout* ajoute au nom *homme* une idée de généralité; dans la seconde, l'adjectif indéfini *quelques* ajoute au nom *enfants* une idée vague.

Les adjectifs indéfinis sont : *nul, chaque, même, tout, quelque, plusieurs, tel, quel, quelconque, maïnt, certain, aucun.*

QUINZIÈME LEÇON.

DU PRONOM.

Le *pronom* est un mot qu'on met à la place du nom pour en éviter la répétition, ou en rappeler l'idée.

Quand nous parlons, nous parlons de nous, nous parlons aux autres, ou nous parlons des autres; de là trois personnes :

La *première* ou celle qui parle, la *seconde* ou celle à qui l'on parle et la *troisième* ou celle de qui l'on parle.

Tous les pronoms dépendent de l'une de ces trois personnes.

Il y a *cinq sortes de pronoms :* les *pronoms personnels*, les *pronoms démonstratifs*, les *pronoms possessifs*, les *pronoms relatifs* et les *pronoms indéfinis*.

SEIZIÈME LEÇON.

Pronoms personnels.

Les *pronoms personnels* sont ainsi appelés parce qu'ils désignent les personnes plus spécialement que les autres pronoms.

Ces pronoms sont :

Pour la première personne, *je, me, moi, nous.*

Pour la seconde personne, *tu, te, toi, vous.*

Pour la troisième personne, *il, ils, elle, elles, lui, eux, le, la, les, leur, se, soi, en, y.*

Les enfants attentifs auront remarqué que les mots *le, la, les,* placés parmi les pronoms, ont déjà été comptés au nombre des articles. Ces mots sont, en effet, tantôt *articles*, tantôt *pronoms*. Ils sont *articles* quand ils accompagnent le nom : *la femme, le cheval*, *les enfants;* ils sont *pronoms* quand ils accompagnent le verbe : *je le comprends*, *je la connais*, *nous les écoutons*.

DIX-SEPTIÈME LEÇON.

Pronoms démonstratifs.

Les *pronoms démonstratifs* rappellent l'idée du nom en y ajoutant une idée d'indication, de démonstration. Ces pronoms sont : *ce*, *celui*, *ceux*, *celle*, *celles*, *celui-ci*, *ceux-ci*, *celle-ci*, *celles-ci*, *celui-là*, *ceux-là*, *celle-là*, *celles-là*, *ceci*, *cela*.

Il ne faut pas confondre *ce*, pronom, avec *ce*, adjectif démonstratif. *Ce*, pronom, est toujours joint au verbe ou suivi de l'un des pronoms qui, que, quoi, dont : *ce sont vos enfants*, *ce que vous faites*, *ce qui me tourmente*.

Ce, adjectif démonstratif, est toujours suivi d'un nom : *ce chien*, *ce livre*.

DIX-HUITIÈME LEÇON.

Pronoms possessifs.

Les *pronoms possessifs* rappellent l'idée du nom en y ajoutant une idée de possession.

Ces pronoms sont :

SING. MASC.	SING. FÉM.
Le mien.	*La mienne.*
Le tien.	*La tienne.*
Le sien.	*La sienne.*
Le nôtre.	*La nôtre.*
Le vôtre.	*La vôtre.*
Le leur.	*La leur.*

PLUR. MASC.	PLUR. FÉM.
Les miens.	*Les miennes.*
Les tiens.	*Les tiennes.*
Les siens.	*Les siennes.*

PLUR. DES DEUX GENRES.

Les nôtres.
Les vôtres.
Les leurs.

DIX-NEUVIÈME LEÇON.

Pronoms relatifs.

Les *pronoms relatifs* rappellent l'idée d'un nom ou d'un pronom qui précède.

Ces pronoms sont : *qui*, *que*, *quoi*, *dont*, *lequel*, *laquelle*, *lesquels*, *lesquelles*.

Dans ces phrases : *les enfants qui écrivent*, *la robe que je fais*, *les livres dont je parle*, *qui*, *que*, *dont* sont des pronoms relatifs.

VINGTIÈME LEÇON.

Pronoms indéfinis.

Les *pronoms indéfinis* désignent d'une manière vague les personnes ou les choses dont ils rappellent l'idée.

Ces pronoms sont : *on*, *quiconque*, *quelqu'un*, *chacun*, *autrui*, *l'un*, *l'autre*, *l'un et l'autre*, *personne*.

VINGT-UNIÈME LEÇON.

DU VERBE.

Le *verbe* est un mot qui exprime l'affirmation. Quand je dis : *le soleil est brillant*, j'affirme que la qualité marquée par l'adjectif *brillant* convient au *soleil*, le mot *est* qui exprime cette affirmation, est un verbe.

Exprimer l'*affirmation* ou affirmer, c'est assurer, dire qu'une chose est ou se fait.

On reconnaît qu'un mot est un verbe quand on peut placer devant ce mot les pronoms *je*, *tu*, *il*, *nous*, *vous*, *ils*.

Les verbes se divisent en *temps*.

Les temps se divisent en *temps simples* et en *temps composés*.

Les *temps simples* sont ceux qui n'empruntent pas un des temps du verbe *avoir* ou du verbe *être*, comme *je chante*, *tu reçois*.

Les *temps composés* sont ceux dans la composition desquels il entre un des temps du verbe *avoir* du verbe *être*, comme *j'ai chanté, tu seras* *ɔu*.

Le verbe *avoir* et le verbe *être* sont appelés *rbes auxiliaires*.

Il n'y a que ces deux verbes qui soient auxi-ıires.

Le mot *auxiliaire* veut dire qui vient au secours, ıi aide.

VINGT-DEUXIÈME LEÇON.

Conjuguer un verbe, c'est en réciter ou en écrire ıs les temps.

Il y a *quatre conjugaisons* ou classes de verbes 'on distingue entre elles par la terminaison du ésent de l'infinitif.

La première conjugaison a le présent de l'infini-terminé en *er*, comme *aimer;* la deuxième, en comme *finir;* la troisième, en *oir*, comme *rece-r;* la quatrième, en *re*, comme *rendre*.

Les verbes auxiliaires servant à conjuguer tous autres, seront conjugués les premiers.

VINGT-TROISIÈME LEÇON.

VERBE AUXILIAIRE *AVOIR*.

INDICATIF.

PRÉSENT.

J'ai.
Tu as.
Il *ou elle* a.
Nous avons.
Vous avez.
Ils *ou elles* ont.

IMPARFAIT.

J'avais.
Tu avais.
Il *ou elle* avait.
Nous avions.
Vous aviez.
Ils *ou elles* avaient.

PASSÉ DÉFINI.

J'eus.
Tu eus.
Il *ou elle* eut.
Nous eûmes.
Vous eûtes.
Ils *ou elles* eurent.

PASSÉ INDÉFINI.

J'ai eu.
Tu as eu.
Il *ou elle* a eu.
Nous avons eu.
Vous avez eu.
Ils *ou elles* ont eu.

PASSÉ ANTÉRIEUR.

J'eus eu.
Tu eus eu.
Il *ou elle* eut eu.
Nous eûmes eu.
Vous eûtes eu.
Ils *ou elles* eurent eu.

PLUS-QUE-PARFAIT.

J'avais eu.
Tu avais eu.
Il *ou elle* avait eu.
Nous avions eu.
Vous aviez eu.
Ils *ou elles* avaient eu.

FUTUR SIMPLE.

J'aurai.
Tu auras.
Il *ou elle* aura.
Nous aurons.
Vous aurez.
Ils *ou elles* auront.

FUTUR COMPOSÉ.

J'aurai eu.
Tu auras eu.
Il *ou elle* aura eu.
Nous aurons eu.
Vous aurez eu.
Ils *ou elles* auront eu.

CONDITIONNEL.

PRÉSENT.

J'aurais.
Tu aurais.
Il *ou elle* aurait.
Nous aurions.
Vous auriez.
Ils *ou elles* auraient.

PASSÉ.

J'aurais eu.
Tu aurais eu.
Il *ou elle* aurait eu.
Nous aurions eu.
Vous auriez eu.
Ils *ou elles* auraient eu.

IMPÉRATIF.

Point de 1re personne du singulier ni de 3e pour les 2 nombres.

Aie.
Ayons.
Ayez.

SUBJONCTIF.

PRÉSENT OU FUTUR.

Que j'aie.
Que tu aies.
Qu'il *ou qu'elle* ait
Que nous ayons.
Que vous ayez.
Qu'ils *ou qu'elles* aient.

IMPARFAIT.

Que j'eusse.
Que tu eusses.
Qu'il *ou qu'elle* eût.
Que nous eussions.

Que vous eussiez.
Qu'ils *ou qu'elles* eussent.

PASSÉ.

Que j'aie eu.
Que tu aies eu.
Qu'il *ou qu'elle* ait eu.
Que nous ayons eu.
Que vous ayez eu.
Qu'ils *ou qu'elles* aient eu.

PLUS-QUE-PARFAIT.

Que j'eusse eu.
Que tu eusses eu.
Qu'il *ou qu'elle* eût eu.
Que nous eussions eu.
Que vous eussiez eu.
Qu'ils *ou qu'elles* eussent eu.

INFINITIF.

PRÉSENT.

Avoir.

PASSÉ.

Avoir eu.

PARTICIPE.

PRÉSENT.

Ayant.

PASSÉ.

Eu, ayant eu.

VINGT-QUATRIÈME LEÇON.

VERBE AUXILIAIRE *ÊTRE*.

INDICATIF.

PRÉSENT.

Je suis.
Tu es.
Il *ou elle* est.
Nous sommes.
Vous êtes.
Ils *ou elles* sont.

IMPARFAIT.

J'étais.
Tu étais.
Il *ou elle* était.
Nous étions.
Vous étiez.
Ils *ou elles* étaient.

PASSÉ DÉFINI.

Je fus.
Tu fus.
Il *ou elle* fut.
Nous fûmes.
Vous fûtes.
Ils *ou elles* furent.

PASSÉ INDÉFINI.

J'ai été.
Tu as été.
Il *ou elle* a été.
Nous avons été.
Vous avez été.
Ils *ou elles* ont été.

PASSÉ ANTÉRIEUR.

J'eus été.
Tu eus été.
Il *ou elle* eut été.
Nous eûmes été.
Vous eûtes été.
Ils *ou elles* eurent été.

PLUS-QUE-PARFAIT.

J'avais été.
Tu avais été.
Il *ou elle* avait été.
Nous avions été.
Vous aviez été.
Ils *ou elles* avaient été.

FUTUR SIMPLE.

Je serai.
Tu seras.
Il *ou elle* sera.
Nous serons.
Vous serez.
Ils *ou elles* seront.

FUTUR COMPOSÉ.

J'aurai été.
Tu auras été.
Il *ou elle* aura été.
Nous aurons été.
Vous aurez été.
Ils *ou elles* auront été.

CONDITIONNEL.

PRÉSENT.

Je serais.
Tu serais.
Il *ou elle* serait.
Nous serions.
Vous seriez.
Ils *ou elles* seraient.

PASSÉ.

J'aurais été.
Tu aurais été.
Il *ou elle* aurait été.

Nous aurions été.
Vous auriez été.
Ils *ou elles* auraient été.

IMPÉRATIF.

Point de 1re personne du singulier ni de 3e pour les 2 nombres.

Sois.
Soyons.
Soyez.

SUBJONCTIF.

PRÉSENT OU FUTUR.

Que je sois.
Que tu sois.
Qu'il *ou qu'elle* soit.
Que nous soyons.
Que vous soyez.
Qu'ils *ou qu'elles* soient.

IMPARFAIT.

Que je fusse.
Que tu fusses.
Qu'il *ou qu'elle* fût.
Que nous fussions.
Que vous fussiez.
Qu'ils *ou qu'elles* fussent.

PASSÉ.

Que j'aie été.
Que tu aies été.
Qu'il *ou qu'elle* ait été.
Que nous ayons été.
Que vous ayez été.
Qu'ils *ou qu'elles* aient été.

PLUS-QUE-PARFAIT.

Que j'eusse été.
Que tu eusses été.
Qu'il *ou qu'elle* eût été.
Que nous eussions été.
Que vous eussiez été.
Qu'ils *ou qu'elles* eussent été.

INFINITIF.

PRÉSENT.

Être.

PASSÉ.

Avoir été.

PARTICIPE

PRÉSENT.

Étant.

PASSÉ.

Été, ayant été.

VINGT-CINQUIÈME LEÇON.

Nous allons conjuguer les verbes *aimer*, *finir*, *recevoir* et *rendre*.

Les verbes qui, à tous les temps et à toutes les personnes se conjuguent exactement comme ces modèles, sont appelés verbes réguliers; les autres sont appelés verbes *irréguliers*.

Le verbe *avoir* et le verbe *être* sont des verbes *irréguliers*.

Il existe deux parties dans l'orthographe d'un verbe régulier : la *racine* ou le *radical*, et la *terminaison* ou la *finale*.

La *racine* est la première partie du verbe, celle qui ne change pas; la *terminaison* est la seconde partie du verbe, celle qui varie selon la personne, le temps et la conjugaison.

VINGT-SIXIÈME LEÇON.

VERBES MODÈLES.

Première conjugaison, en *er*.

Verbe AIMER.

INDICATIF.

PRÉSENT.

J'aime.
Tu aimes.
Il aime.
Nous aimons.
Vous aimez.
Ils aiment.

IMPARFAIT.

J'aimais.
Tu aimais.
Il aimait.
Nous aimions.
Vous aimiez.
Ils aimaient.

PASSÉ DÉFINI.

J'aimai.
Tu aimas.
Il aima.
Nous aimâmes.
Vous aimâtes.
Ils aimèrent.

PASSÉ INDÉFINI.

J'ai aimé.
Tu as aimé.
Il a aimé.
Nous avons aimé.
Vous avez aimé.
Ils ont aimé.

PASSÉ ANTÉRIEUR.

J'eus aimé.
Tu eus aimé.
Il eut aimé.
Nous eûmes aimé.
Vous eûtes aimé.
Ils eurent aimé.

PLUS-QUE-PARFAIT.

J'avais aimé.
Tu avais aimé.
Il avait aimé.
Nous avions aimé.
Vous aviez aimé.
Ils avaient aimé.

FUTUR SIMPLE.

J'aimerai.
Tu aimeras.
Il aimera.
Nous aimerons.
Vous aimerez.
Ils aimeront.

FUTUR COMPOSÉ.

J'aurai aimé.
Tu auras aimé.
Il aura aimé.
Nous aurons aimé.
Vous aurez aimé.
Ils auront aimé.

CONDITIONNEL.

PRÉSENT.

J'aimerais.
Tu aimerais.
Il aimerait.
Naus aimerions.
Vous aimeriez.
Ils aimeraient.

PASSÉ.

J'aurais aimé.
Tu aurais aimé.
Il aurait aimé.
Nous aurions aimé.
Vous auriez aimé.
Ils auraient aimé.

IMPÉRATIF.

Point de 1re personne du singulier ni de 3e pour les 2 nombres.

Aime.
Aimons.
Aimez.

SUBJONCTIF.

PRÉSENT OU FUTUR.

Que j'aime.
Que tu aimes.
Qu'il aime.
Que nous aimions.
Que vous aimiez.
Qu'ils aiment.

IMPARFAIT.

Que j'aimasse.
Que tu aimasses.
Qu'il aimât.
Que nous aimassions.
Que vous aimassiez.
Qu'ils aimassent.

PASSÉ.

Que j'aie aimé.
Que tu aies aimé.
Qu'il ait aimé.
Que nous ayons aimé.
Que vous ayez aimé.
Qu'ils aient aimé.

PLUS-QUE-PARFAIT.

Que j'eusse aimé.
Que tu eusses aimé.
Qu'il eût aimé.
Que nous eussions aimé.
Que vous eussiez aimé.
Qu'ils eussent aimé.

INFINITIF.

PRÉSENT.

Aimer.

PASSÉ.

Avoiraimé .

PARTICIPE.

PRÉSENT.

Aimant.

PASSÉ.

Aimé, aimée, ayant aimé.

Ainsi se conjuguent les verbes : *parler, chanter, danser, donner, demander, sauter, chercher, porter, inventer*, etc.

VINGT-SEPTIÈME LEÇON.

Deuxième conjugaison, en *ir*.

Verbe FINIR.

INDICATIF.

PRÉSENT.

Je finis.
Tu finis.
Il finit.
Nous finissons.
Vous finissez.
Ils finissent.

IMPARFAIT.

Je finissais.
Tu finissais.
Il finissait.
Nous finissions.
Vous finissiez.
Ils finissaient.

PASSÉ DÉFINI.

Je finis.
Tu finis.
Il finit.
Nous finîmes.
Vous finîtes.
Ils finirent.

PASSÉ INDÉFINI.

J'ai fini.
Tu as fini.
Il a fini.
Nous avons fini.
Vous avez fini.
Ils ont fini.

PASSÉ ANTÉRIEUR.

J'eus fini.
Tu eus fini.
Il eut fini.
Nous eûmes fini.
Vous eûtes fini.
Ils eurent fini.

PLUS-QUE-PARFAIT.

J'avais fini.
Tu avais fini.
Il avait fini.
Nous avions fini.
Vous aviez fini.
Ils avaient fini.

FUTUR SIMPLE.

Je finirai.
Tu finiras.
Il finira.
Nous finirons.
Vous finirez.
Ils finiront.

FUTUR COMPOSÉ.

J'aurai fini.
Tu auras fini.
Il aura fini.
Nous aurons fini.
Vous aurez fini.
Ils auront fini.

CONDITIONNEL.

PRÉSENT.

Je finirais.
Tu finirais.
Il finirait.
Nous finirions.
Vous finiriez.
Ils finiraient.

PASSÉ.

J'aurais fini.
Tu aurais fini.
Il aurait fini.
Nous aurions fini.
Vous auriez fini.
Ils auraient fini.

IMPÉRATIF.

Point de 1re personne du singulier ni de 3e pour les 2 nombres.

Finis.
Finissons.
Finissez.

SUBJONCTIF.

PRÉSENT OU FUTUR.

Que je finisse.
Que tu finisses.
Qu'il finisse.
Que nous finissions.
Que vous finissiez.
Qu'ils finissent.

IMPARFAIT.

Que je finisse.
Que tu finisses.
Qu'il finît.
Que nous finissions.
Que vous finissiez.
Qu'ils finissent.

PASSÉ.

Que j'aie fini.
Que tu aies fini.
Qu'il ait fini.
Que nous ayons fini.
Que vous ayez fini.
Qu'ils aient fini.

PLUS-QUE-PARFAIT.

Que j'eusse fini.
Que tu eusses fini.
Qu'il eût fini.
Que nous eussions fini.
Que vous eussiez fini.
Qu'ils eussent fini.

INFINITIF.

PRÉSENT.

Finir.

PASSÉ.

Avoir fini.

PARTICIPE.

PRÉSENT.

Finissant.

PASSÉ.

Fini, finie, ayant fini.

Ainsi se conjugent : *unir*, *embellir*, *guérir*, *punir*, *adoucir*, *ternir*, etc.

VINGT-HUITIÈME LEÇON.

Troisième conjugaison, en *oir*.

Verbe Recevoir.

INDICATIF.

PRÉSENT.

Je reçois.
Tu reçois.
Il reçoit.
Nous recevons.
Vous recevez.
Ils reçoivent.

IMPARFAIT.

Je recevais.
Tu recevais.
Il recevait.
Nous recevions.
Vous receviez.
Ils recevaient.

PASSÉ DÉFINI.

Je reçus.
Tu reçus.
Il reçut.
Nous reçûmes.
Vous reçûtes.
Ils reçurent.

PASSÉ INDÉFINI.

J'ai reçu.
Tu as reçu.
Il a reçu.
Nous avons reçu.
Vous avez reçu.
Ils ont reçu.

PASSÉ ANTÉRIEUR.

J'eus reçu.
Tu eus reçu.
Il eut reçu.
Nous eûmes reçu.
Vous eûtes reçu.
Ils eurent reçu.

PLUS-QUE-PARFAIT.

J'avais reçu.
Tu avais reçu.
Il avait reçu.
Nous avions reçu.
Vous aviez reçu.
Ils avaient reçu.

FUTUR SIMPLE.

Je recevrai.
Tu recevras.
Il recevra.
Nous recevrons.
Vous recevrez.
Ils recevront.

FUTUR COMPOSÉ.

J'aurai reçu.
Tu auras reçu.
Il aura reçu.
Nous aurons reçu.
Vous aurez reçu.
Ils auront reçu.

CONDITIONNEL.

PRÉSENT.

Je recevrais.
Tu recevrais.
Il recevrait.
Nous recevrions.
Vous recevriez.
Ils recevraient.

PASSÉ.

J'aurais reçu.
Tu aurais reçu.
Il aurait reçu.
Nous aurions reçu.
Vous auriez reçu.
Ils auraient reçu.

IMPÉRATIF.

Point de 1re personne du singulier ni de 3e pour les 2 nombres.

Reçois.
Recevons.
Recevez.

SUBJONCTIF.

PRÉSENT OU FUTUR.

Que je reçoive.
Que tu reçoives.
Qu'il reçoive.
Que nous recevions.
Que vous receviez.
Qu'ils reçoivent.

IMPARFAIT.

Que je reçusse.
Que tu reçusses.
Qu'il reçût.
Que nous reçussions.
Que vous reçussiez.
Qu'ils reçussent.

PASSÉ.

Que j'aie reçu.
Que tu aies reçu.
Qu'il ait reçu.
Que nous ayons reçu.
Que vous ayez reçu.
Qu'ils aient reçu.

PLUS-QUE-PARFAIT.

Que j'eusse reçu.
Que tu eusses reçu.
Qu'il eût reçu.
Que nous eussions reçu.
Que vous eussiez reçu.
Qu'ils eussent reçu.

INFINITIF.

PRÉSENT.

Recevoir.

PASSÉ.

Avoir reçu.

PARTICIPE.

PRÉSENT.

Recevant.

PASSÉ.

Reçu, reçue, ayant reçu.

Ainsi se conjuguent : *apercevoir*, *percevoir*, etc.

VINGT-NEUVIÈME LEÇON.

Quatrième conjugaison, en *re*.

Verbe RENDRE.

INDICATIF.

PRÉSENT.

Je rends.
Tu rends.
Il rend.
Nous rendons.
Vous rendez.
Ils rendent.

IMPARFAIT.

Je rendais.
Tu rendais.
Il rendait.
Nous rendions.
Vous rendiez.
Ils rendaient.

PASSÉ DÉFINI.

Je rendis.
Tu rendis.
Il rendit.
Nous rendîmes.
Vous rendîtes.
Ils rendirent.

PASSÉ INDÉFINI.

J'ai rendu.
Tu as rendu.
Il a rendu.
Nous avons rendu.
Vous avez rendu
Ils ont rendu.

PASSÉ ANTÉRIEUR.

J'eus rendu.
Tu eus rendu.
Il eut rendu.
Nous eûmes rendu.
Vous eûtes rendu.
Ils eurent rendu.

PLUS-QUE-PARFAIT.

J'avais rendu.
Tu avais rendu.
Il avait rendu.
Nous avions rendu.
Vous aviez rendu.
Ils avaient rendu.

FUTUR SIMPLE.

Je rendrai.
Tu rendras.
Il rendra.
Nous rendrons.
Vous rendrez.
Ils rendront.

FUTUR COMPOSÉ.

J'aurai rendu.
Tu auras rendu.
Il aura rendu.
Nous aurons rendu.
Vous aurez rendu.
Ils auront rendu.

CONDITIONNEL.

PRÉSENT.

Je rendrais.
Tu rendrais.
Il rendrait.
Nous rendrions.
Vous rendriez.
Ils rendraient.

PASSÉ.

J'aurais rendu.
Tu aurais rendu.
Il aurait rendu.
Nous aurions rendu.
Vous auriez rendu.
Ils auraient rendu.

IMPÉRATIF.

Point de 1[r] personne du singulier ni de 3e pour les 2 nombres.

Rends.
Rendons.
Rendez.

SUBJONCTIF.

PRÉSENT OU FUTUR.

Que je rende.
Que tu rendes.
Qu'il rende.
Que nous rendions.
Que vous rendiez.
Qu'ils rendent.

IMPARFAIT.

Que je rendisse.
Que tu rendisses.
Qu'il rendît.
Que nous rendissions.
Que vous rendissiez.
Qu'ils rendissent.

PASSÉ.

Que j'aie rendu.
Que tu aies rendu.
Qu'il ait rendu.
Que nous ayons rendu.
Que vous ayez rendu.
Qu'ils aient rendu.

PLUS-QUE-PARFAIT.

Que j'eusse rendu.
Que tu eusses rendu.
Qu'il eût rendu.
Que nous eussions rendu.
Que vous eussiez rendu.
Qu'ils eussent rendu.

INFINITIF.

PRÉSENT.

Rendre.

PASSÉ.

Avoir rendu.

PARTICIPE.

PRÉSENT.

Rendant.

PASSÉ.

Rendu, rendue, ayant rendu.

Ainsi se conjuguent : *attendre*, *entendre*, *défendre*, *répandre*, *confondre*, *tondre*, etc.

TRENTIÈME LEÇON.

DU PARTICIPE.

Le *participe* est une partie du verbe.

Il y a deux sortes de participes : le *participe présent* et le *participe passé*.

Le participe présent est invariable, il se termine toujours par *ant* : *aimant*, *finissant*, *recevant*, etc.

Le participe passé est variable, il fait partie de tous les temps composés des verbes : *aimé*, *fini*, *reçu*, etc.

NOTIONS DIVERSES.

Cris des animaux.

Le chien aboie, le chat miaule, la brebis bêle, l'âne brait, le bœuf mugit, le cheval hennit, le cochon grogne, le renard glapit, le loup hurle, le lion rugit, l'éléphant et le rhinocéros crient, barrient ou barètent, le serpent siffle, la grenouille coasse, le corbeau croasse, la pie jacasse, le coq chante, la poule glousse, la tourterelle gémit, la caille carcaille, les oiseaux gazouillent et chantent, le moineau pépie, les petits des oiseaux pépient, le rossignol chante.

On dit : le chien, la chienne; le lévrier, la levrette; le barbet, la barbette; le chat, la chatte; l'âne, l'ânesse; le cheval, la cavale, la jument; le mulet, la mule; le bœuf, la vache; le taureau, la génisse; le mouton, la brebis; le bouc, la chèvre; le porc, la truie; le lapin, la lapine; le lièvre, la hase; le cerf (prononcez cèr), la biche; le chevreuil, la chevrette; le daim, la daine; le loup, la louve; le renard, la renarde; le sanglier, la laie; l'ours, l'ourse; le tigre, la tigresse; le singe, la guenon; le perroquet, la perruche; le faisan, la faisane; le paon, la paonne; le dindon, la dinde; le jars, l'oie; le canard, la cane; le coq, la poule; le serin, la serine; le linot, la linotte.

Saint-Denis. — Typographie de A. Moulin.

SAINT-DENIS. — TYPOGRAPHIE DE A. MOULIN.

www.ingramcontent.com/pod-product-compliance
Ingram Content Group UK Ltd.
Pitfield, Milton Keynes, MK11 3LW, UK
UKHW020445230726
13925UKWH00004B/1813

9 782014 434620